anythink

D0518351

¡Cuenta con ello!
Cinco

Dana Meachen Rau

Marshall Cavendish
Benchmark
Nueva York

Cinco dedos de
la mano.

Cinco dedos del pie.

Cinco conchas
de mar.

Cinco filas.

Cinco perros.

Cinco juguetes.

Cinco velas.

Cinco niños.

¡Cinco!

Palabras conocidas

conchas de mar

dedos de la mano

dedos del pie

filas

juguetes

niños

perros

velas

Índice

Las páginas indicadas con números en **negrita** tienen ilustraciones.

Datos biográficos de la autora

Dana Meachen Rau es la autora de muchos libros de la serie Bookworms y de otros libros de no ficción y de lectura inicial. Vive en Burlington, Connecticut, con su esposo y dos hijos.

Agradecemos a las asesoras de lectura:

Nanci Vargus, Dra. en Ed. y profesora auxiliar de Educación Primaria en la Universidad de Indianápolis.

Beth Walker Gambro, profesora adjunta en la Universidad de St. Francis en Joliet, Illinois.

Marshall Cavendish Benchmark
99 White Plains Road
Tarrytown, New York 10591
www.marshallcavendish.us

Text copyright © 2009 by Marshall Cavendish Corporation

Library of Congress Cataloging-in-Publication Data

Rau, Dana Meachen, 1971–
[Five. Spanish]
Cinco / Dana Meachen Rau.
p. cm. – (Bookworms. ¡Cuenta con ello!)
Includes index.
ISBN 978-0-7614-3449-8 (Spanish edition) – ISBN 978-0-7614-3477-1 (bilingual edition)
ISBN 978-0-7614-2970-8 (English edition)
1. Five (The number)–Juvenile literature. 2. Number concept–Juvenile literature. I. Title.
QA141.3.R27518 2009b
513–dc22
2008018183

Editor: Christina Gardeski
Publisher: Michelle Bisson
Designer: Virginia Pope
Art Director: Anahid Hamparian

Traducción y composición gráfica en español de Victory Productions, Inc.
www.victoryprd.com

Photo Research by Anne Burns Images

The photographs in this book are used with permission and through the courtesy of:
SuperStock: pp.1, 17, 20TL Digital Vision; pp. 7, 21TR age fotostock; pp. 11, 20BL GoGo Images; pp. 13, 21BR doll, top, duck Stockbyte; pp. 13, 21BR truck, boat Stockdisc. Corbis: pp. 3, 20BR Sean Justice; pp. 5, 21BL Mika/zefa; pp. 9, 21TL Simon Jarratt; pp. 15, 20TR JLP/Jose L. Pelaez; p. 19 Jeremy Hardie/zefa.

Impreso en Malasia
1 3 5 6 4 2